I0816015
¡Saludos, caballos!

LOS CABALLOS

QUINN M. ARNOLD

CREATIVE EDUCATION | CREATIVE PAPERBACKS

TODAVÍA TENEMOS LA MISMA CANTIDAD DE HENO, ¿VERDAD?

Índice

Publicado por Creative Education y Creative Paperbacks
P.O. Box 227, Mankato, Minnesota 56002
Creative Education y Creative Paperbacks
son sellos editoriales de The Creative Company
www.thecreativecompany.us

Diseño de Graham Morgan
Dirección artística de Blue Design (www.bluedes.com)

Imágenes de Alamy/Frank Vetere, portada (centro), 23, Tim Graham, 13; DepositPhotos/callipso_art, 18-19; Dreamstime/Kseniya Abramova, 3, 20-21, Maxwell De Araujo Rodrigues, 17, Pimmimemom, 2, Viktoria Makarova, 1, 14-15, 24, Virgonira, portada (izquierda), 10-11; flickr/Biodiversity Heritage Library, portada (derecha), 4; Getty Images/Ashva, 16, Toledo70, 6-7; Shutterstock/Zuzule, 8-9

Library of Congress Cataloging-in-Publication Data
Names: Arnold, Quinn M., author.
Title: Los caballos / by Quinn M. Arnold.
Other titles: Horses. Spanish
Description: Mankato, Minnesota : Creative Education and Creative Paperbacks, [2025] | Series: Maravillas | Includes index. | Audience: Ages 4-7 | Audience: Grades K-1 | Summary: "An introduction to horses, this beginning reader features eye-catching photographs, humorous captions, and basic life science facts about these fleet-footed racers. This Spanish text includes a labeled image guide, glossary, and index"-- Provided by publisher.
Identifiers: LCCN 2024021888 (print) | LCCN 2024021889 (ebook) | ISBN 9798889895060 (library binding) | ISBN 9781682777176 (paperback) | ISBN 9798889895183 (ebook)
Subjects: LCSH: Horses--Juvenile literature. | CYAC: Horses. | Horse family (Mammals)
Classification: LCC SF302 .A7618 2025 (print) | LCC SF302 (ebook) | DDC 636.1--dc23/eng/20240628

Impreso en China

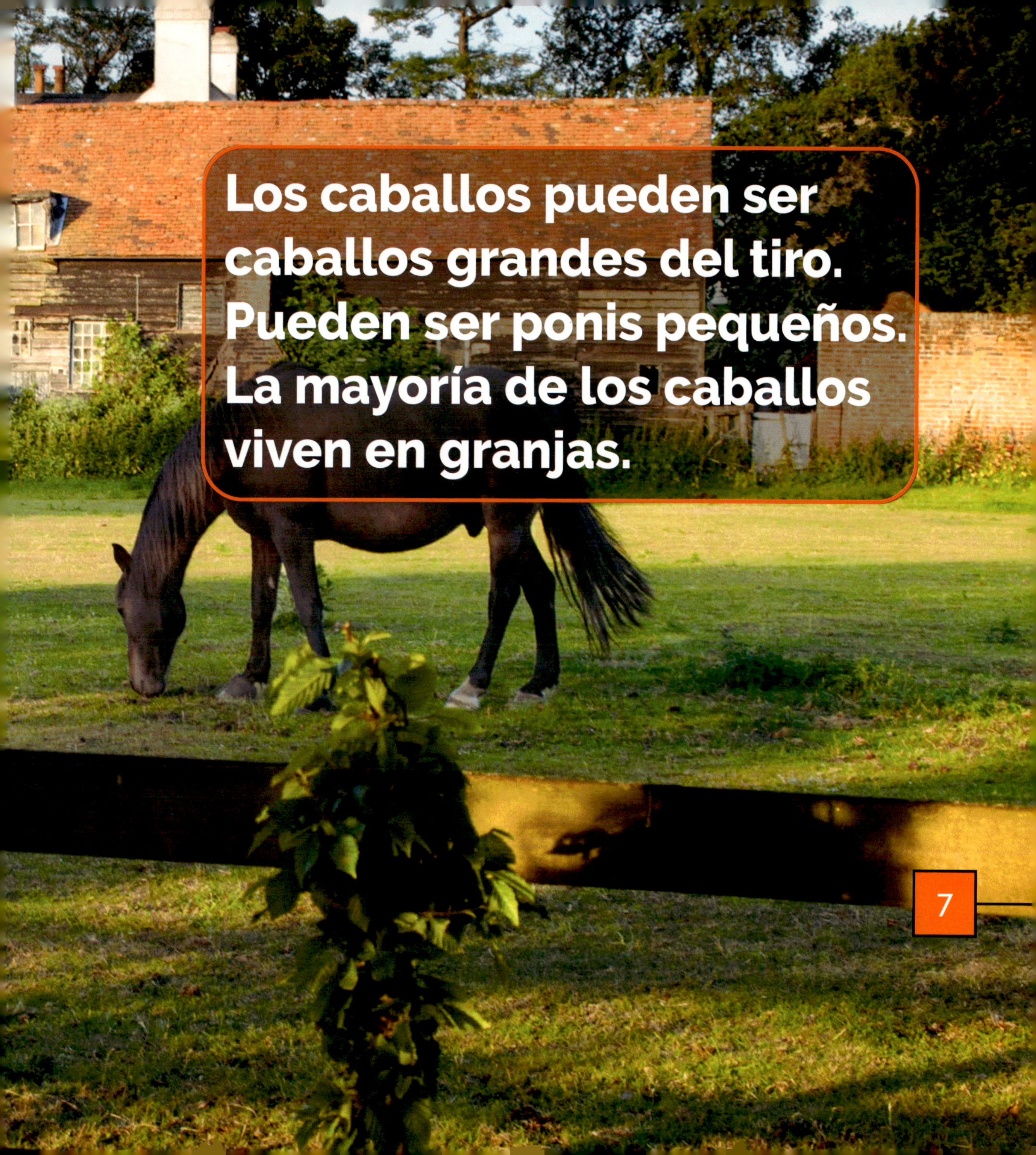

Los caballos pueden ser caballos grandes del tiro. Pueden ser ponis pequeños. La mayoría de los caballos viven en granjas.

CORRE COMO ¡EL VIENTO!
¡PENSÉ QUE LO ERA!

Muchos caballos son cafés, negros o grises. Algunos tienen manchas. El pelaje de un caballo puede ser de un color. Su **crin** y la cola pueden ser de otro color.

La crin es gruesa. Tiene un tacto áspero. Las patas del caballo y las **pezuñas** son fuertes para correr.

EL CABALLO MÁS VIEJO DE LA HISTORIA TENÍA 62 AÑOS.

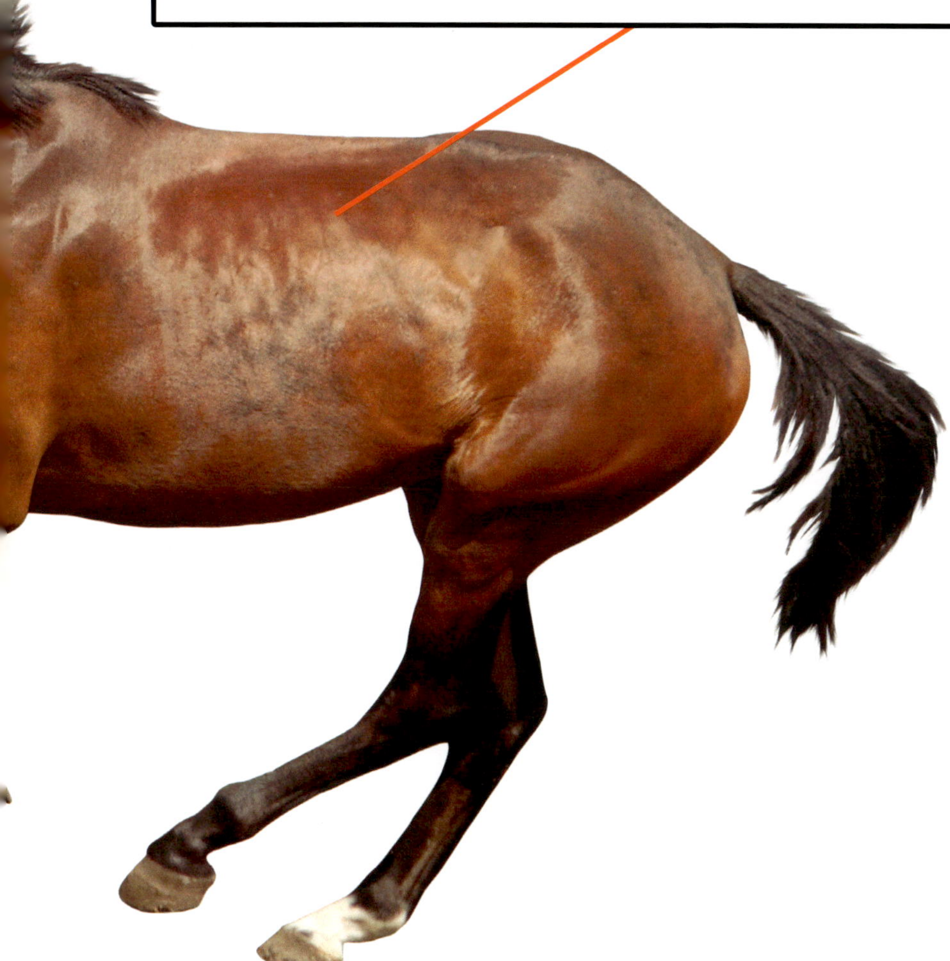

Los caballos pastan en los campos. También comen cereales y heno. A veces, ¡reciben un dulce! A los caballos les gustan las zanahorias y las manzanas.

¡CUIDADO CON
LOS DEDOS!

LOS POTROS PUEDEN PONERSE DE PIE UNA HORA DESPUÉS DE NACER.

Los potros son las crías del caballo. Los potros juegan y se persiguen unos a otros. Beben leche y comen hierba.

Los caballos ruedan por el suelo. Ladean la cabeza y corren por los campos.

¡ME VOY A PASTOS MÁS VERDES!
¡Adiós, caballos!

[Imagina un caballo]

CRIN
OÍDO
OJO
BOZAL

PALABRAS QUE DEBES CONOCER

crin: pelo largo que crece en el cuello del animal

pastar: alimentarse de la hierba en un campo abierto

pezuña: parte calloso del pie del caballo

ÍNDICE